**Bibliografische Information der Deutschen Nationalbibliothek:**

Die Deutsche Bibliothek verzeichnet diese Publikation in der Deutschen National-
bibliografie; detaillierte bibliografische Daten sind im Internet über http://dnb.d-
nb.de/ abrufbar.

**Impressum:**

Copyright © 2012 GRIN Verlag, Open Publishing GmbH
Druck und Bindung: Books on Demand GmbH, Norderstedt Germany
ISBN: 978-3-668-05969-6

**Dieses Buch bei GRIN:**

http://www.grin.com/de/e-book/305599/schuldnerberatung-in-der-sozialen-arbeit-
ein-praxisbericht

Franziska Kraus

# Schuldnerberatung in der Sozialen Arbeit. Ein Praxisbericht

GRIN Verlag

**GRIN - Your knowledge has value**

Der GRIN Verlag publiziert seit 1998 wissenschaftliche Arbeiten von Studenten, Hochschullehrern und anderen Akademikern als eBook und gedrucktes Buch. Die Verlagswebsite www.grin.com ist die ideale Plattform zur Veröffentlichung von Hausarbeiten, Abschlussarbeiten, wissenschaftlichen Aufsätzen, Dissertationen und Fachbüchern.

**Besuchen Sie uns im Internet:**

http://www.grin.com/

http://www.facebook.com/grincom

http://www.twitter.com/grin_com

HAWK - Fachhochschule Musterheim

Fakultät Soziale Arbeit und Gesundheit

# Praxisbericht

## "Schuldnerberatung in der Sozialen Arbeit"

Soziale Arbeit mit Straffälligen

# Inhaltsverzeichnis

# 1 Einleitung

Im Rahmen meines Studiums zur Sozialarbeiterin/-pädagogin habe ich im April ein 4 wöchiges Praktikum in der Stiftung Liquo[1], einer Musterheimer[2] Schuldenberatungsstelle absolviert. Ich habe mich für dieses Praxisfeld entschieden, da sich immer mehr private Haushalte überschulden und somit Schuldnerberatung ein wichtiger Bestandteil der Sozialen Arbeit ist.

"Jetzt kaufen, später zahlen", diese oder ähnliche Slogan begegnen uns fast täglich und beschreiben das alltägliche Kauf- und Konsumverhalten vieler Menschen. Oft kommen die betroffenen Menschen alleine nicht mehr raus aus der Schuldenfalle. Ausstehende Geldforderungen können nicht mehr beglichen werden, ohne die eigene Grundversorgung zu gefährden. Fast jede Person hat schon einmal Schulden gehabt. Solch eine Lebenssituation ist heute nichts Besonderes mehr, das Aufnehmen von Krediten gehört heute zum Lebensalltag dazu.

Normalerweise sollte es kein Problem darstellen, diese Schulden in festen Teilbeträgen monatlich zurückzuzahlen. Unvorhersehbare Ereignisse aber verwerfen oftmals den Haushaltsplan. Dann reicht das verfügbare Einkommen nicht mehr aus und Haushalte geraten von der Verschuldung in die Überschuldung. Überschuldung führt in der Regel zu einer Vielzahl von psychosozialen Belastungen und hat meist Auswirkungen auf das gesamte Umfeld des Überschuldeten. Hier wird deutlich, dass bei Überschuldung nicht nur eine finanzielle Beratung notwendig ist, sondern auch eine soziale Betreuung des Überschuldeten. Der Schuldnerberatung in der Sozialen Arbeit kommt hierbei ein entscheidender Stellenwert zu. Hier gilt es, den Blick nicht nur auf die wirtschaftliche Seite zu richten, sondern auch auf das persönliche, familiäre und soziale Umfeld des Verschuldeten mit in den Blick zu nehmen, um dem Klienten bei seiner Gesamtsituation Hilfestellung zu leisten. Diese Tatsache und die Vielschichtigkeit der auftretenden Probleme zeigt, dass die Arbeit der Schuldnerberatung einen wichtigen Platz in der Sozialen Arbeit einnimmt.

In meinem Praxisbericht möchte ich gerne genauer auf diesen Arbeitsbereich der Schuldnerberatung eingehen. Eine ausführliche Institutionsbeschreibung mit einem genaueren Blick auf das Arbeitsfeld ist unter Punkt 2.0 zu finden.

---

[1] Name geändert
[2] Ort geändert

Unter Punkt 3.0 möchte ich meine gesammelten Erfahrungen und meine Tätigkeiten während des Praktikums genauer beschreiben. Punkt 4.0 ist eine Reflexion, diese umfasst eine von mir ausgewählte Fallbeschreibung und wird nach Burkhard Müller analysiert. Der Praxisbericht endet mit einem Fazit unter Punkt 5.0, diese umfasst eine Reflexion sowie daraus resultierende weitere Auswirkungen für mich und mein Studium.

# 2 Institutionsbeschreibung

## 2.1 Stiftung Liquo

Die Schuldner- und Insolvenzberatungsstelle Stiftung Liquo ist eine rechtsfähige Stiftung des bürgerlichen Rechts. Sie ist eine gemeinnützige und vom Land Niedersachsen anerkannte Stiftung, die sich das Ziel gesetzt hat, Menschen in wirtschaftlichen Notlagen zu unterstützen. Das heißt, sie ist eine privatrechtlicheStiftung. Die in den §§ 80 ff. BGB geregelte rechtsfähige (oder auch selbständige) Stiftung des bürgerlichen Rechts ist Leitbild aller Stiftungen. Sie kann sowohl dem Gemeinwohl (sog. öffentliche oder gemeinnützige Stiftungen bürgerlichen Rechts) als auch allein Privatinteressen dienen. Hierbei sind private Stiftungen dadurch gekennzeichnet, dass ihr Zweck auf einen Personenkreis begrenzt ist (Betriebsangehörige, Vereine, Familie) oder einem Unternehmen zu Gute kommt. Dagegen begünstigen öffentliche Stiftungen die Allgemeinheit. Anerkannte Zwecke sind hier z.B. Sport, Bildung, Religion, Kunst, Forschung, Wohltätigkeit oder Denkmalpflege *(vgl. Wigand 2002: 4+35)*.

Die Schuldner- und Insolvenzberatung Stiftung Liquo ist in Musterheim und an drei weiteren Orten vertreten. Derzeit arbeiten insgesamt neun Mitarbeiter in der Stiftung Liquo. Diese sind gelernte Sozialpädagogen mit einer Zusatzausbildung zum Schuldner- und Insolvenzberater. Diese Zusatzausbildung ist notwendig um die nötigen rechtlichen Grundlagen und Gesetze zu verstehen und anzuwenden.
Die Räumlichkeiten in Musterheim sind klein und übersichtlich. Die zwei Mitarbeiter haben angrenzende Büros. Es gibt einen kleinen Flur mit Wartebereich, eine Küche und ein Bad. Die Stiftung ist in Musterheim sehr zentral gelegen und

somit gut mit Bus und Bahn zu erreichen. Problematisch wird es, wenn man mit einen Pkw anreist, die Parkplätze rund um Stiftung Liquo sind sehr rar.

Stiftungsträger der Stiftung Liquo ist ABES[3]. ABES ist ein innovativer freier Jugendhilfeträger mit Schwerpunkten in ambulanten und teilstationären Jugendhilfeangeboten. Die Hauptstelle von ABES befindet sich in Musterheim.

Die Adressaten, welche die Stiftung Liquo aufsuchen, sind Menschen in wirtschaftlichen Notlagen. Es wird versucht in erster Linie eine geeignete Lösung für die Schuldensituation zu finden. Liquo hilft dabei die derzeitige Schuldensituation genau zu erfassen, außergerichtliche Einigungsversuche mit den Gläubigern zu erzielen und in gravierenden Fällen den Antrag auf ein gerichtliches Insolvenzverfahren zu stellen. Sie nimmt also eine große Tätigkeit in der Beraterrolle und Aktenführung ein.

**Leistungsbeschreibung Liquo**

In der Leistungsbeschreibung von der Stiftung Liquo geht hervor, dass die Einzelfallarbeit mit den Betroffenen Personen in neun Schritten verläuft. Diese Leistungsbeschreibung soll den professionellen Ablauf, das sogenannte Rahmenkonzept sichern. Des Weiteren ist sie auch ein Leitfaden für die betroffenen Schuldner, diese wissen im Vorfeld, was auf sie zukommt und was von ihnen gefordert wird. Ich möchte das Rahmenkonzept kurz vorstellen.

1.  Basisberatung (Anamnese, Problementwicklung, Zielentwicklung)
    Hierzu gehört die Aufklärung über die Arbeitsweise in der
    Schuldnerberatung, die Erfassung psychosozialer Probleme und die
    Erstellung eines Hilfeplanes.
2.  Informationsgewinnung
    In diesem Schritt werden Auskünfte von der Schufa oder z.B. dem
    Schuldenverzeichnis des Amtsgerichts erfragt.
3.  Forderungsüberprüfung und Schuldnerschutz
    Schuldenunterlagen werden aktualisiert, gegebenenfalls Unterstützungs-
    angebote für den Schuldner zusammengestellt.

---

[3] Name geändert

4. Haushaltsberatung

   Ein Haushaltsplan wird erstellt, bei Bedarf fällt auch eine Ernährungs-
   beratung unter diesen Punkt.

5. Psychosoziale, präventive Beratung

   Neben Motivationsarbeit kann gegebenenfalls auch die Vermittlung von
   zusätzlichen sozialen Beratungsangeboten in Anspruch genommen werden.

6. Regulierung und Entschuldung

   Hier runter fällt die Verhandlung mit den Gläubigern zwecks eines
   Regulierungsplanes.

   Nachbetreuung

   Diese ist individuell auf den Klienten zugeschnitten

7. Kollegiale Fachberatung

8. Strukturelle Zusammenarbeit mit anderen Berufsgruppen/ Institutionen


Auch die Qualitätssicherung bei der Stiftung Liquo ist durch regelmäßige
Arbeitskreise (einmal im Monat) gesichert. Regelmäßige Überarbeitung der
Leistungsstandards, sowie Supervisionen sollen die Mitarbeiter auf dem neuesten
Stand halten und so in ihren Tätigkeitsbereich festigen.

## 2.2 Arbeitsfeld

### 2.2.1 Definition

Schuldnerberatung ist heute ein fester Bestandteil unserer Gesellschaft. Der
Schwerpunkt der Arbeit in der Schuldnerberatung liegt neben finanziellen Anliegen
auch im hauswirtschaftlichen sowie psychosozialen und pädagogisch-präventiven
Bereich.

Es wird davon ausgegangen das Menschen, die sich an eine Schuldnerberatungsstelle
wenden, nicht nur finanzielle Probleme haben. Grade durch die Überschuldung
kommt es auch oft im privaten Umfeld zu familiären und persönlichen Problemen.
Man spricht von einer Überschuldung, wenn die monatlichen Gesamtausgaben höher
sind als die monatlichen Einnahmen. *(vgl. Groth 1991: 13-18)*
Diese Definition lässt sich noch weiter vertiefen. So spricht man z.B. von subjektiver
Überschuldung, relativer Überschuldung und absoluter Überschuldung (Insolvenz).

Bei der subjektiven Überschuldung fühlt sich die betroffene Person psychisch und finanziell stark Überfordert, diese Überforderung führt dazu dass die Schulden nicht zurückgezahlt werden können. Die betroffene Person schafft es nicht ihre Schulden zu ordnen und Mahnbriefe werden z.b. ungeöffnet in einer Schublade verstaut. Bei der relativen Überschuldung ist es der betroffenen Person nicht möglich die Schulden zurück zu zahlen. Trotz Reduzierung ihrer Lebenskosten ist sie nicht in der Lage, fristgerecht die Schulden zu begleichen. Dieses kann durch unvorhergesehene Ereignisse wie z.b. eine Scheidung oder eine schwere Krankheit geschehen. Die absolute Überschuldung (Insolvenz) besteht, wenn das Einkommen einfach nicht mehr ausreicht, um bestehende Schulden zu bezahlen *(vgl. Groth 2011: 7)*.

Eine weitere ausführliche Definition, welche ich gefunden habe und die mir sehr zusagt, lautet wie folgt:

> *"Überschuldung liegt bei einem Privathaushalt dann vor, wenn dauerhaft bzw. auf unabsehbare Zeit, nach Abzug der fixen Lebenserhaltungskosten(...), zzgl. Ernährung und sonstigem notwendigen Lebensbedarf(...), der verbleibende Rest des gesamten Haushaltseinkommens nicht ausreicht, um die laufenden Raten für eingegangene Verbindlichkeiten zu decken und somit Zahlungsunfähigkeit eintritt" (Groth 2011: 8)*.

## 2.2.2 Historischer Rückblick

Schuldnerberatung war schon immer ein Arbeitsbereich der Sozialen Arbeit. Früher wurde diese Tätigkeit mit Randgruppen wie Obdachlosen oder Straftätern durchgeführt. Man ging davon aus, dass Schulden etwas mit einem persönlichen Defizit zu hätten und das man als normaler Bürger nicht in diese Schuldenfalle geraten könnte. Dieses änderte sich ca. um 1970 rum, die sozialen und wirtschaftlichen Verhältnisse änderten sich zu der Zeit drastisch. Die Arbeitslosigkeit bei den Menschen wuchs und das Einkommen verringerte sich. Viele Familien verschuldeten sich durch zu hohe Kreditaufnahmen. Die Tätigkeit in der Schuldnerberatung spielte nun auch eine Rolle für Privatpersonen. Heute ist die Schuldnerberatung in der Gesellschaft nicht mehr wegzudenken. *(vgl. Thomsen 2008: 13-16)*

### 2.2.3 Gründe die zur Überschuldung führen können

Es gibt keine allgemein geltenden Theorien wie und warum eine Person in die Überschuldung gerät. Sicher ist allerdings das die Entstehung der Überschuldung ein langer, manchmal jahrelang schleichender Prozess ist.

Allgemein gefasst kann man sagen, dass es Hauptfaktoren gibt, die in die Überschuldung führen können:

- Die wachsenden Armutslagen
- schwierige Lebensereignisse
- Probleme in der Alltagsbewältigung

*(vgl. Groth 2011: 8-9)*

Ein weiterer Auslöser für Schulden scheint das heutige Niedrigeinkommen zu sein. So waren es 2005 in Deutschland mindestens 13,5% die trotz ihrer Erwerbstätigkeit nicht in der Lage waren ihre Lebenskosten ohne staatliche Hilfe zu decken. Oft sind sie gezwungen zu hohe Kosten für Kredite zu zahlen, was langfristig nicht die Schuldensituation verbessert. *(vgl. Groth 2011 Seite 6)*

2009 veröffentlichte das Statistische Bundesamt die häufigsten Ursachen für Überschuldung. Diese Daten wurden in Schuldenberatungsstellen erfasst und zusammengeführt. Als Hauptgrund wird die Arbeitslosigkeit genannt mit ca. 28%. An zweiter Stelle steht eine Trennung, Scheidung oder der Tod eines Partners/ einer Partnerin. Hier wurden knapp 14% angegeben. 11% gaben an aufgrund einer schweren Erkrankung, einer Suchtkrankheit oder einem Unfall in die Überschuldung geraten zu sein. *(vgl. Mantseris 2012: 19-20)*.

Überschuldung kann heute jeden treffen. 2002 befanden sich 25-35% der Bevölkerung in einer Lebenslage, die von Überschuldung bedroht ist. Wirklich Betroffen waren zu diesem Zeitpunkt 8,1% der privaten Haushalte. Dieses ergab eine Studie aus dem Bundesministerium für Familie. Bedenkt man die ständig steigenden Lebenskosten und die sich ständig verändernde Arbeitssituation dürften die Zahlen heute nach oben gestiegen sein *(vgl. Groth 2011: 7)*.

Die Zahlen zeigen dass es in Deutschland ganz normal ist Schulden zu machen. Unser angelerntes Konsumverhalten macht es fast undenkbar ohne Kredite zu leben. Dieses zeigt, dass Überschuldung nicht immer ein Resultat individueller Probleme sein muss, es zeigt unseren Gesellschaftlichen Wandel.

Überschuldung trifft also jeden. Dieses Wissen ist wichtig für die soziale Arbeit. Egal in welchem Arbeitsfeld man sich bewegt kann es vorkommen, dass man mit Menschen zu tun hat, welche von einer Überschuldung betroffen sind. Bei der Arbeit mit jungen Menschen, Wohnungslosen, Suchtabhängigen, Arbeitslosen, Alleinerziehenden usw., kann die Überschuldung immer wieder ein Thema sein. Für die soziale Arbeit bedeutet dies, dass es wichtig ist sich in diesem besonderen Problembereich auszukennen.

Neue Gesetze erhöhen ständig die fachlichen Anforderungen an die Mitarbeiter einer Schuldenberatungsstelle. Da die Arbeit in der Schuldenberatung ein spezielles fachliches Wissen voraussetzt, ist es wichtig sich in diesem speziellen Bereich der sozialen Arbeit weiterzubilden. Oft haben die Schuldenberatungsstellen ein bestimmtes fachliches Angebot und bieten die nötigen Weiterbildungen an *(vgl. Stark 2012: 7-12)*.

### 2.2.4 Individuelle Schuldnertypen

In einer Studie an der Universität Bremen wurden 17 problemzentrierte Interviews mit überschuldeten Personen geführt. *(vgl. Schwarze 1999: 1)*

Im Rahmen dieser Studie konnten 3 Haupttypen von Schuldnerkarrieren ermittelt werden.

- Verfestigte Schuldnerkarriere
- kritische Schuldnerkarriere
  - subjektiv – kritische Schuldnerkarriere
  - objektiv – kritische Schuldnerkarriere
- stabilisierte bzw. bewältigte Schuldnerkarriere
  *(vgl. Schwarze 1999: 2-3)*

Die unterschiedlichen Schuldner haben natürlich verschiedene Ansprüche und Bedürfnisse an die Schuldnerberatung. Durch die verschiedenen Schuldnertypen ist es wichtig, dass die Schuldnerberatung individuell eine differenzierte Hilfe und Beratung entwickelt. Ich möchte kurz die Ergebnisse vorstellen.

- **Verfestigte Schuldnerkarriere**
  Diese Schuldnerkarriere ist besonders gekennzeichnet durch die Passivität des Schuldners hinsichtlich der Schulden. Geringe

9

Erwerbschancen sowie daraus resultierendes niedriges Einkommen machen es den Betroffenen fast unmöglich innerhalb der nächsten Jahre aus der Schuldenfalle zu entkommen. Häufig beziehen diese Personen sozialstaatliche Leistungen, oft kommen auch noch soziale Probleme oder psychische Erkrankungen hinzu.

Die Bedeutung, die daraus für die Schuldnerberatung entsteht, ist noch nicht zu erkennen. Häufig kommt dieser Schuldnertyp nicht zu einer Schuldenberatungsstelle. Aus der Studie geht hervor, dass dieses durch Resignation und Ängsten geschieht. Die Betroffenen haben keine Erwartungen mehr das man ihnen helfen kann und haben sich mit der Situation abgefunden *(vgl. Schwarze 1999: 4-9).*

- **Subjektiv-kritische Schuldnerkarriere**

  Aussagekräftig für diesen Schuldnertyp ist, dass er gute Erwerbs- und Einkommenschancen hat. Auch würde das derzeitige Gehalt reichen, um bestehende Schulden zu begleichen. In der Studie wurde allerdings eine starke Konsumorientierung festgestellt, auf die der Betroffene nicht verzichten möchte.

  Laut der Studie möchte der Betroffene nicht wirklich etwas an seiner derzeitigen Situation ändern, er sucht vielmehr einen kompetenten Berater der ihn hilft trotz seiner Schulden den gewohnten Lebensstandard beizubehalten. Schulden werden in diesem Fall also nur langsam und über mehrere Jahre abgebaut. Für den Verlauf der Schuldnerberatung bedeutet dies von Anfang an eine Klärungsphase mit dem Ratsuchenden. Was erhofft er sich, wie ist die Beziehung zwischen Berater und Betroffenem und welche Möglichkeiten und Grenzen gibt es *(vgl. Schwarze 1999: 10-14).*

- **Objektiv-kritische Schuldnerkarriere**

  Von dieser Schuldnerkarriere spricht man, wenn trotz ungünstiger Erwerbs- und Einkommenschancen dennoch eine ausgeprägte Handlungsorientierung zur Verminderung der Schulden besteht. Trotz geringer Einkünfte wie z.B. Hartz 4 erfolgen kleine Ratenzahlungen. Aufgrund der niedrigen Einkünfte und geringen Abzahlungen dauert die Schuldenregulierung jedoch oft mehrere Jahre.

Für die Schuldnerberatung bedeutet dies vorrangig die Existenz-sicherung der Betroffenen herzustellen. Dieses geschieht z.b. durch Optimierung der Einkommens- und Ausgabensituation, oft treten auch ergänzende Maßnahmen wie Schuldnerschutz hinzu. Der persönliche Kontakt zwischen dem Betroffenem und dem Berater ist bei diesem Schuldnertyp häufig sehr eng *(vgl. Schwarze 1999: 14-15).*

- **Stabilisierte bzw. Bewältigte Schuldnerkarriere**
  Diese Schuldnerkarriere weist gute Einkommens- und Erwerbschancen auf. Die Schuldenregulierung steht im Vordergrund. In den meisten Fällen sind die Schulden innerhalb von ein paar Jahren abgebaut und der Betroffene schuldenfrei.
  Für die Schuldnerhilfe bedeutet dies, dass die Betroffenen meistens nur wenig Hilfe benötigen *(vgl. Schwarze 1999: 18).*

## 2.2.5 Ablauf in der Schuldnerberatung

Schuldnerberatung muss man als ganzheitliche Methode sehen und darf sich nicht nur auf eine rein wirtschaftliche oder rechtliche Beratung beschränken. Diese Beratung wäre unzureichend und würde auf Dauer die Problematik der Verschuldung nicht lösen. Geht man davon aus das wirtschaftliche und soziale Problemlagen miteinander verbunden sind, dann merkt man schnell, dass ein Beratungskonzept entstehen muss, welches die Problematiken gemeinsam aufgreift.

Damit die Schuldnerberatung diesem Gerecht wird, ist es wichtig, dass sie mit anderen sozialen Fachdiensten zusammenarbeitet. Dies könnten z.B. das Gesundheitsamt, Rechtsanwälte oder Psychotherapeuten sein. *(vgl. Münder 1994: 30-39)*

Ziel einer Schuldnerberatung ist es trotzdem in erster Linie mit dem Betroffenen zusammen eine Schuldenfreiheit zu erzielen. Dafür kann man versuchen eine außergerichtliche Schuldenregulierung zu erreichen.

Hierfür muss man Kontakt mit allen Gläubigern aufnehmen und z.B. einen Ratenzahlungsplan vorschlagen. Es gibt keine gesetzlichen Vorgaben wie ein Schuldenregulierungsplan auszusehen hat, alles ist frei vereinbar. So kann man z.B. einen Verzicht auf Zinsen erwirken oder einen Teilerlass von Schulden oder eine bestimmte Ratenzahlung.

Sollte dieser Schuldenregulierungsplan scheitern, wird ein gerichtliches Schuldenregulierungsverfahren starten. Die Schuldnerberatung muss, um das gerichtliche Verfahren zu starten, nun eine Bescheinigung über den gescheiterten Einigungsversuch an das Insolvenzgericht schicken. Bevor nun das Insolvenzverfahren startet, hat das Gericht die Möglichkeit einen weiteren Einigungsversuch mit den Gläubigern herzustellen.

Sollte auch dieser Einigungsversuch fehlschlagen, startet das Insolvenzverfahren. Der Betroffene kommt nun in eine sogenannte Wohlverhaltensperiode. Das bedeutet, man ist verpflichtet 6 Jahre lang bestimmte Auflagen zu erfüllen. Das könnte z.b. bedeuten eine angemessene Erwerbstätigkeit auszuführen und keine weiteren Schulden in der Zeit entstehen zu lassen.

Wird diese Wohlverhaltensperiode eingehalten, befreit das Insolvenzgericht den Schuldner nach 6 Jahren von seinen Restschulden *(Schulden abbauen - Schulden vermeiden 2011: 33-40).*

# 3    Beschreibung der Tätigkeiten

Mein Praktikum absolvierte ich, wie schon erwähnt, in der Schuldner- und Insolvenzberatungsstelle Stiftung Liquo. Meine Anleiterin ist zu 75% in der Stiftung Liquo tätig, 25% arbeitet sie bei ABES in der Familienhilfe. Durch diese Konstellation konnte ich neben dem Blick in die Schuldnerberatung auch noch einen Blick in die Familienhilfe werfen. Im Folgenden möchte ich beschreiben, welche Tätigkeiten ich während meines Praktikums wahrnehmen konnte.

Der tägliche Ablauf umfasste viele organisatorische Tätigkeiten, dazu gehörten z.b. Briefe eines Schuldners nach Gläubigern zu sortieren um einen Überblick über die derzeitige Schuldensituation zu bekommen.

Die jeweiligen Gläubiger wurden dann angeschrieben und um eine genaue Auskunft der derzeitigen Schuldsumme gebeten. Diese Bürotätigkeit durfte ich nach einer kurzen Einführung übernehmen.

Des Weiteren wurde beim Amtsgericht nach bekannten Schulden nachgefragt und eine Schufa-Auskunft wurde eingeholt. Daraufhin wurden Klientenakten erstellt und diese wurden nach Gläubigern sortiert. Das jeweilige Deckblatt war eine aktuelle Übersicht der Gläubiger und der derzeitigen Schuldensumme.

Meine Anleiterin zeigte mir gleich am Anfang, wie diese organisatorischen Arbeiten funktionieren und so durfte ich diese auch erledigen.

An den meisten Tagen kamen zu bestimmten Terminen die Klienten.

In der Situation als Praktikantin war es mir möglich bei den verschiedenen Beratungsgesprächen dabei zu sein und zuzuhören.

Ich habe mich am Anfang ein wenig unwohl gefühlt da ich dachte dass es vielen Klienten unangenehm ist, wenn ich mich vorstelle und sie frage, ob ich dabei sein darf. Es ist sicher schwer genug, auch ohne eine Praktikantin, über Schulden und die daraus resultierenden Probleme zu sprechen. Zu meiner Überraschung habe ich nicht erlebt, dass ein Klient damit Probleme gehabt hätte, viele waren sogar sehr offen zu mir und redeten über ihre derzeitige Situation und über die Probleme, die sie so weit gebracht haben.

Jeden Montag fand außerdem ein Teamtreffen statt. In diesen saßen die Mitarbeiter von Liquo und ABES zusammen und redeten über derzeitige Klientenfälle und auftretende Probleme. In diesen durfte ich dabei sein und fand es sehr interessant auch etwas aus anderen Arbeitsbereichen zu hören.

Durch die günstige Arbeitskonstellation meiner Anleiterin war es mir möglich 2 mal in der Woche auch mit in die zu betreuenden Familien zu kommen.

Meine Angst, dass die Familien es als störend empfinden könnten, wenn ich dabei bin, bestätigte sich auch hier nicht.

Als Praktikantin hielt ich mich in den Gesprächen eher zurück und hörte zu. Später besprach ich die Situationen, bzw. den Fall mit meiner Anleiterin.

Wir fuhren mit den Familien zu Freizeitangeboten, besuchten sie zu Hause oder halfen bei Erledigungen.

In dem Praktikum habe ich größtenteils leider nur die Beobachterrolle in den Beratungs- und Gesprächssituationen einnehmen können.

Doch denke ich, dass es in 4 Wochen auch nicht möglich gewesen wäre dieses anders zu gestalten.

Ich möchte allerdings sagen, dass ich durch die Beobachterrolle viel gelernt habe.

Auch habe ich viel über organisatorische Arbeiten gelernt, da sie meinen Hauptteil vom Praktikum ausmachten. Meine Selbstständigkeit, welche ich in dieser Tätigkeit erlernte war groß. Während den Urlaubstagen meiner Anleiterin durfte ich alleine die Akten bearbeiten und die nötigen Daten mit dem Computer erfassen.

# 4    Fallbeschreibung

Ich möchte hier auf einen Fall eingehen, den ich in meinem Praktikum erlebt habe. Dieser Fall ist mehr eine Gesamtsituation einer Familie. Ich möchte versuchen diese wieder zu geben und später professionell zu analysieren. Aus datenschutzrechtlichen Gründen ist der Name der Familie von mir geändert wurden.

Familie X wohnt in einem kleinen Dorf in der Nähe von Musterheim, sie bewohnen ein Einfamilienhaus zur Miete. Die Familie wird in der Schuldnerberatung betreut. Auch wurde eine Familienhilfe in die Familie integriert. In beiden Fällen ist meine Anleiterin die Ansprechperson für die Familie. Dadurch war es mir möglich, nicht nur die finanzielle Situation der Familie zu erleben, sondern auch die familiäre. Die Familienhilfe wurde in die Familie integriert, da sich um die jüngste Tochter gesorgt wird.

Familie X ist stark verschuldet, beide Eheleute sind arbeitslos und erhalten Hartz IV. Sie haben 4 Kinder im Alter von 4, 13,14 und 18 Jahren. Die älteste Tochter hat von ihrem 14 bis zum 18. Lebensjahr in einer stationären Jugendeinrichtung gewohnt. Vor kurzem ist sie in das elterliche Haus zurückgekehrt. Sie hat keinen Schulabschluss und geht keiner Beschäftigung nach. Die beiden 13 und 14 jährigen Kinder sind ebenfalls in einer stationären Jugendhilfeeinrichtung untergebracht worden, da ihre Versorgung nicht sichergestellt war. Die jüngste Tochter wohnt derzeit noch in ihrem Elternhaus. Herr X hat eine psychische Erkrankung, diese ist in einer früheren Therapie diagnostiziert worden. Er verlässt das Grundstück für gewöhnlich nicht. Hin und wieder besucht er mit seiner Tochter die gegenüberliegende Pferdewiese. Herr X mag es außerdem nicht, wenn seine Frau für längere Zeit das Haus verlässt. Dieses löst in ihm Ängste aus, er fürchtet sie könnte nicht wiederkommen. Die Familie kauft aufgrund dieser Situation vieles über Kataloge und Internetversandhäuser auf Raten ein. Da keine ausreichenden Ersparnisse vorhanden sind, hat sich Familie X damit überschuldet. Frau X hat starke Probleme sich durchzusetzen. Sie schafft es z.B. nicht, ihre jüngste Tochter daran zu hindern auf die Straße zu laufen. Dieses konnte ich bei einem Hausbesuch und dem folgenden Spaziergang mit Frau X und ihrer Tochter beobachten. Nur das Eingreifen meiner Anleiterin hat schlimmeres verhindert. Meine Anleiterin erklärte mir in einem späteren Gespräch, dass Frau X ein sehr schwaches Selbstbewusstsein habe. Frau X wurde eine stationäre Therapie angeboten. In dieser sollte sie lernen

Selbstbewusstsein aufzubauen bzw. zu entwickeln. Dieses lehnte Frau X ab. Auch Herr X ist nicht dazu zu bewegen eine Therapie zu starten.

Des Weiteren kann Familie X schlecht mit Geld umgehen. Bei Hausbesuchen sieht man viele teure Konsumgegenstände (Fernseher, Computer, Spieleanlagen...) die auf Ratenzahlung gekauft wurden. Auch erzählt die Familie oft von ihren Neuerwerbungen.

## 4.1 Fallanalyse

Den oben geschilderten Fall möchte ich gerne nach Burkhard Müller analysieren. Da mein Praktikum nur 4 Wochen ging und ich den weiteren Verlauf nicht mitgekriegt habe beruhen ein paar der vorgeschlagenen Hilfen nicht auf der Realität und sind fiktive Vorschläge.

**Fall von...**

- Es ist ein Fall von Überschuldung. Die Anspruchsgrundlage für die Schuldnerberatung gilt für alle Personen und ist geregelt im § 1 SGB XII.
- Es ist ein Fall von Arbeitslosigkeit nach § 53a SGB II.
- Es ist ein Fall von psychischen Erkrankungen. Nach § 5 NpsychKG ist der Landkreis unter gewissen Umständen verpflichtet Hilfen anzubieten.
- Es ist ein Fall von eventueller Kindeswohlgefährdung nach §8a SGB XIII. *(vgl .Stascheit 2008: 333,189, 1156 u. NI-VORIS))*

**Fall für...**

Aufgrund der Überschuldung ist es ein Fall für die Schuldnerberatung. Diese ist in das Familiensystem bereits integriert. Es könnte auch ein Fall für einen persönlichen Betreuer werden, der sich um finanzielle Angelegenheiten kümmert.

Die Arbeitslosigkeit spricht dafür, dass Familie X ein Fall für das Arbeitsamt ist. Hier könnte sich eine Möglichkeit finden, die Familie aus der langjährigen Arbeitslosigkeit zu holen.

15

Aufgrund der psychischen Erkrankung des Mannes und dem mangelnden Selbstvertrauen der Frau ist es ein Fall für eine psychologische Beratungsstelle.

Kindeswohlgefährdung könnte evtl. eintreten. Dann wäre es ein Fall für das Jugendamt und für eine integrierte Familienhelferin. Die Familienhelferin wurde bereits in die Familie integriert.

**Fall mit...**

Das weitere Vorgehen muss vor allen in kleinen Schritten passieren. Die Familie ist seit Jahren in ihrem Lebensmuster verfestigt. Es muss darauf geachtet werden sie nicht aus diesem rausreisen zu wollen. Veränderungen müssen langsam und Schritt für Schritt passieren. Sie müssen sich an den gegebenen Ressourcen der Familie orientieren, diese aufgreifen und langsam erweitern.

Aufgrund der Überschuldung könnte die Schuldnerberatung, die Familie weiter vermitteln. Sinnvoll wären spezielle Schulungskurse für den Umgang mit Geld oder Haushaltsführung. Diese Schulungen könnten neben neuen gesellschaftlichen Kontakten auch hilfreich für die Lebensführung sein. Dieses könnte allerdings nur Frau X in Anspruch nehmen, da Herr X sich weigert das Haus zu verlassen.

Auch das Arbeitsamt könnte aufgrund der Arbeitslosigkeit von Familie X spezielle Kurse anbieten. So gibt es z.B. Kurse für Bewerbungstraining oder ein gelungenes Bewerbungsgespräch. Leider würde Herr X auch hier seine Teilnahme aufgrund seiner psychischen Erkrankung verweigern. Frau X könnte allerdings durch neu gewonnenes Wissen und daraus resultierende Sicherheit ihr Selbstbewusstsein stärken und vielleicht langfristig eine Teilzeitstelle aufnehmen können. Die sozialen Kontakte würden sich vermutlich positiv auf das Befinden von Frau X auswirken.

Die psychische Erkrankung von Herrn X könnte nur bei ihm zu Hause behandelt werden. Stationär möchte er sich nicht unterbringen lassen. Ein

Hausbesuch einmal die Woche von einem psychologischen Berater könnte ihm evtl. helfen die Krankheitssymptome zu verringern. Doch möchte Herr X eigentlich keine Hilfe annehmen. Vielleicht könnte er durch gezielte Unterstützung von seiner Familie es schaffen diese Gegebenheiten zu ändern. Dafür müsste aber erst die Familie in sich gestärkt werden. Evtl. wäre eine wöchentliche ambulante Familientherapie, die bei Familie X stattfindet, dafür genau das richtige.

Da eine evtl. Kindeswohlgefährdung vorliegt, ist die Familienhelferin stets bemüht mit Frau X und ihrer Tochter Aktivitäten zu Unternehmen. Dieses soll bewirken, dass auch Frau X sich mehr mit ihrer Tochter beschäftigt und lernt sich durchzusetzen. Bei den anderen 3 Kindern hat dieses in der Vergangenheit nicht geklappt. Die hinzukommende Erkrankung von Herrn X hat eine Inobhutnahme der Kinder notwendig werden lassen. Evtl. Müsste man die verfügbaren Stunden für die Familienhilfe erhöhen, derzeit findet sie nur einmal die Woche für 2 Stunden statt.

## 5 Fazit

Das Praktikum hat viele verschiedene Eindrücke auf mich hinterlassen. Die Erfahrungen, die ich im Praktikum habe sammeln dürfen, waren vielfältig. Ich habe viele verschiedene Menschen in vielen verschiedenen Situationen kennengelernt.
Viele dieser Menschen sind unverschuldet in eine solche Situation, wie z.B. die Überschuldung geraten. Durch eine Scheidung, Krankheit oder durch Missgeschicke hat sich deren ganze Lebenssituation verändert. Ich fand es erschreckend, wie schnell so was passieren kann, doch war ich auch begeistert, wie viel Fachwissen meine Anleiterin mitbrachte und Dinge zu lösen versuchte. Mir fiel auf, dass mir dieses Wissens noch fehlt. Wie in dem Bericht geschildert wurde, halte auch ich es für wichtig sich als Sozialarbeiterin/-pädagogin in diesem speziellen Arbeitsbereich weiterzubilden. Das Praktikum hat mich dazu angespornt mich tiefer mit diesem Bereich der Sozialen Arbeit zu befassen. Leider habe ich das ziemlich am Schluss meines Studiums festgestellt sodass ich meine Lehrveranstaltungen nicht mehr gezielt danach ausrichten kann. Besonders interessant fand ich die methodische Ausrichtung der Beraterrolle, gerne würde ich meine eigenen Fähigkeiten als

Beraterin einmal antesten. Des Weiteren habe ich gemerkt, dass 4 Wochen nur einen kleinen Einblick in den Arbeitsbereich geben können. Ein 8 wöchiges Praktikum wäre tiefer in die Materie gegangen und hätte sicher noch mehr Eindrücke hinterlassen. Leider ist es mir aufgrund meiner Erwerbstätigkeit nicht möglich gewesen 8 Wochen ein Praktikum zu absolvieren. Da ich den Bereich jedoch sehr interessant fand, werde ich mein Anerkennungsjahr in der Schulden- und Beratungsstelle Stiftung Liquo durchführen.

# Literaturverzeichnis:

- Groth, Ulf (1991): Schuldnerbaratung. Praktischer Leitfaden für die Sozialarbeit. 8.Aufl. – Frankfurt/Main: Campus Verlag

- Groth,Ulf (2011): Praxishandbuch Schuldnerberatung. Aktualisierungslieferung Nr.18 – Köln: Luchterhand Verlag

- Mantseris, Nicolas (2012): Ursachen der Überschuldung. In: Gastiger, Sigmund/ Stark, Marius: Schuldnerberatung – eine ganzheitliche Aufgabe für methodische Sozialarbeit. Methoden und Konzepte der Sozialen Arbeit in verschiedenen Arbeitsfeldern. Freiburg im Breisgau: Lambertus Verlag, Seite 19-22

- Müller, Burkhard (1993): Sozialpädagogisches Können. Ein Lehrbuch zur multiperspektivischen Fallarbeit. Freiburg im Breisgau. Lambertus Verlag

- Münder, Johannes (1994): Schuldnerberatung in der sozialen Arbeit. 3 überarb. Auflage Münster: Votum Verlag

- Niedersächsisches Vorschrifteninformationssysrtem NI-VORIS http://www.ndsvoris.de/jportal/portal/t/2e7g/page/bsvorisprod.psml/action/portlets.jw.MainActionp1=9&eventSubmit_doNavigate=search InSubtreeTOC&showdoccase=1&doc.hl=0&doc.id=jlr-PsychKGND1997pP5&doc.part=S&toc.poskey=#focuspoint (letzter Zugriff 10.08.2012)

- Schulden abbauen – Schulden vermeiden. Wege aus der privaten Finanzkrise. (2011): Presse- und Informationsamt der Bundesregierung

- Schwarze, Uwe (1999): Schuldnerkarrieren: Institutionelle Problembearbeitung zwischen Sozialberatung und Finanzmanagement. Ergebnisse Einer empirischen Analyse zu Wegen aus Armut und privater Überschuldung. Universität Bremen. Sonderforschungsbereich 186
- Stark, Marius (2012):Von der Existenzsicherung zur professionellen Schuldnerberatung. Die Geschichte eines jungen Arbeitsfeldes in der Sozialarbeit. In:Gastiger, Sigmund/ Stark, Marius: Schuldnerberatung – eine ganzheitliche Aufgabe für methodische Sozialarbeit. Methoden und Konzepte der Sozialen Arbeit in verschiedenen Arbeitsfeldern. Freiburg im Breisgau: Lambertus Verlag, Seite 7-12

- Stascheit, Ulrich (2008): Gesetze für Sozialberufe. Textsammlung. 16 Auflage Frankfurt am Main: Nomos Verlagsgesellschaft

- Thomsen, Monika (2008): Professionalität in der Schuldnerberatung. Handlungstypen im Vergleich. Wiesbaden: GWV Fachverlag GmbH

- Wigand, Klaus (2007): Stiftungen in der Praxis. Recht, Steuern, Beratung. Wiesbaden: GWV Fachverlage GmbH

# BEI GRIN MACHT SICH IHR WISSEN BEZAHLT

- Wir veröffentlichen Ihre Hausarbeit, Bachelor- und Masterarbeit

- Ihr eigenes eBook und Buch - weltweit in allen wichtigen Shops

- Verdienen Sie an jedem Verkauf

**Jetzt bei www.GRIN.com hochladen und kostenlos publizieren**